AF501638

1877. 27 février

# CATALOGUE

# DE LIVRES

## RARES ET CURIEUX

EN PARTIE ORNÉS DE FIGURES

DONT LA VENTE AURA LIEU

**LES MARDI 27 ET MERCREDI 28 FÉVRIER 1877**

*à sept heures 1/2 précises du soir*

Rue des Bons-Enfants, 28, Maison Silvestre, Salle n° 1

Par le ministère de Me MAURICE DELESTRE, commissaire-priseur

SUCCESSEUR DE Me DELBERGUE-CORMONT

27, rue Drouot, 27

PARIS

ADOLPHE LABITTE

LIBRAIRE DE LA BIBLIOTHÈQUE NATIONALE

4, rue de Lille, 4

1877

## CONDITIONS DE LA VENTE

La vente se fait au comptant.

Les acquéreurs payeront 5 p. % en sus des enchères, applicables aux frais.

Les réclamations devront être faites dans les vingt-quatre heures de l'adjudication. Passé ce délai, ou une fois sortis de la salle de vente, les ouvrages adjugés ne seront repris pour aucune cause.

Il y aura, de deux à quatre heures, exposition des livres composant la vacation du soir.

Le libraire chargé de la vente remplira les commissions des personnes qui ne pourraient y assister.

---

## ORDRE DES VACATIONS

*Première Vacation : Mardi 27 Février 1877*

Nos 1 à 133.

*Deuxième Vacation : Mercredi 28 Février 1877*

Nos 134 à 303.

PARIS. — TYP. G. CHAMEROT, RUE DES SAINTS-PÈRES, 19.

# CATALOGUE

DE

# LIVRES RARES ET CURIEUX

EN PARTIE ORNÉS DE FIGURES

## THÉOLOGIE

1. Les Psaumes de David, mis en rimes françoises par Clément Marot et Théodore de Bèze. *Se vendent à Charenton,* 1674, pet. in-16, avec musique, v. dorures s. le pl.

2. Testamentum (Novum) græce. editio nova. *Amstelædami, ex. offic. Elseviriana,* 1658, in-12 en 2 part. mar. tr. dor.
143 millim.

3. Les Provinciales, ou les Lettres écrites par Louis de Montalte à un provincial de ses amis. *Sur l'imprimé à Cologne, chez Nicolas Schoute,* 1682, 11 ff. y compris le titre et 432 pp. veau.

4. Les Provinciales, ou les Lettres écrites par Louis de Montalte (Blaise Pascal). *Cologne, chez Nicolas Schoute,* 1685, pet. in-12, 476 pp. et Avis de Messieurs les Curez de Paris, 116 pp. plus Avertissement sur les 18 lettres, 12 ff.
148 millim.

5. Les Imaginaires, ou Lettres sur l'hérésie imaginaire, vol. I, contenant les dix premières, par le Sr Damvilliers. *A la Sphère,* 430 pp. et 14 ff. titre compris. — Les Visionnaires, ou seconde partie des Lettres sur l'hérésie imaginaire, contenant les huit dernières. *A la Sphère, et Liége, chez Adolphe Beyers,* 1667, 495 pp. titre compris, veau.
137 millim.

6. Les Délices de l'esprit. Entretiens sur la Divinité, etc., par M. Desmarets, de l'Académie françoise. *A Paris, Augustin Besoigne,* 1689, in-8, figures, veau.

7. Méditations chrestiennes, par l'auteur de la Recherche de la vérité. (*A la Sphère*) *à Cologne, chez Balthazar d'Egmond*, 1683, pet. in-12, 364 pp. compris le titre et avertissement et 1 f. demi-rel.

133 millim.

8. Essais sur la Providence et sur la possibilité physique de la résurrection. Traduit de l'anglois du docteur B. (Burnet). *A la Haye, Isaac Vaillant*, 1719, pet. in-12, cart. n. rogn. fleuron de B. Picart.

9. Justi Lipsi de Cruce Libri tres. Ad sacram profanamque historiam utiles. Una cum Notis. *Antuerp, ex officina Plantiniana, apud viduam et Joannem Moretum*, 1694, in-4, parch. gravures.

10. Renan (Ernest). Le Cantique des Cantiques, traduit de l'hébreu, avec une Etude sur le plan, l'âge et le caractère du poëme. Paris, 1860, in-8, demi-rel. chagr.

11. Vie de Jésus, par Ernest Renan. *Paris, Michel Lévy frères*, 1863, in-8, demi-rel. v. f. tr. jasp. — Les Apôtres, par Ern. Renan. *Paris, Michel Lévy frères*, 1866, in-8, demi-rel. v. f. tr. jasp. — Saint Paul, par Ern. Renan. *Paris, Michel Lévy*, 1869, in-8, demi-rel, vel f. tr jasp. — — L'Antechrist, par Ernest Renan. *Paris Michel Lévy*, 1873, in-8, demi-rel. v. bleu.

1re édition.

12. Renan. Études d'histoire religieuse. *Paris, Michel Lévy frères*. Cinquième édition, revue et corrigée, 1862, in-8, demi-rel.

13. Recueil de diverses pièces concernant la censure de la faculté de théologie de Paris. *A Munster, chez Bernard Raesfeld*, 1866, pet. in-12, 230 pp. 2 ff. titre et table et 1 f. fautes à corriger. maroq.

147 millim.

---

## SCIENCES ET ARTS.

---

14. De Vita et Moribus Epicuri, autore Jacobo Rondello. *Amstelodami, apud Henricum Desbordes*, 1693, petit in-12, vél.

15. Essais de Michel de Montaigne. *A Paris, chez Jean-François Bastien*, 1783, portr., 3 vol. in-8, tirés in-4, veau marbr. fil. dos orné, tr. dor.

16. De la Sagesse, trois livres, par Pierre Charron, suivant la vraye copie de Bourdeaux. *A Amsterdam, chez Louys et Daniel Elzevier*, frontisp. petit in-12 de 8 ff. prélim. y compris les deux titres, 622 pp. et 8 pp. de table, veau.

17. Codicille d'or, ou petit Recueil, par Érasme. *A la Sphère*, 1666, pet. in-12, 187 pp. y compris le titre et 2 pp. de correct. et additions non chiffrées, veau.

136 millim.

18. Vauvenargues. Œuvres anciennes et posthumes de Vauvenargues, édition nouvelle, précédée de l'Eloge de Vauvenargues couronné par l'Académie française, et accompagnée de notes et commentaires par D.-L. Gilbert. *Paris, Furne et Cie*, 1857, 2 vol. gr. in-8, portr. demi-rel. mar. brun, plats toile, tête dor. (*Quinet.*)

19. Ernest Renan. La Réforme intellectuelle et morale. *Paris, Michel Lévy frères*, 1871, in-8, demi-rel.

20. Guépat (Nérée). La Lorgnette philosophique. Dictionnaire des grands et des petits philosophes de mon temps. *Paris, libr. des Bibliophiles*, 1872, in-12, papier vergé, demi-rel. mar. la Vallière, coins, tête dor. ébarbé (*Canape.*)

21. L'Esprit nouveau, par Edgar Quinet. *Dentu*, 1875, in-8.

1re édition.

22. Teutsche Apophthegmata, das ist der teutschen scharfsinnige kluge Spruche in zwei Theile zusammen getragen durch Julium Wilhelm Zinkgraefen. *Amsteldam, bei Ludwig Elzevieren*, 1653, 3 part. en 2 vol. pet. in-12, frontisp. et titre imprimé, vélin.

142 millim.

23. Aristippe, ou de la Cour, par M. de Balzac. *A Leyde, chez Jean Elzev.*, 1658, petit in-12, 292 pp. sans le privil. et la table, frontisp. parch. (pet. racc. sur le titre).

24. Le Prince chrestien et politique, traduit de l'espagnol de dom Diegue Savedra Faxardo et dédié à M. le Dauphin, par F. Rou, avocat. *Suivant la copie, à Paris, par la Compagnie des libraires du Palais*, 1668, 2 tom. en 1 vol. in-12, frontisp. et grav. premier vol. 12 ff. titre, front. et table compr. et 423 pp. deux vol. 4 ff. et 432 pp. veau.

25. Mémoires touchant les Ambassadeurs et les Ministres publics, par L. M. P. (le ministre prisonnier, M. de Wicquefort). *A Cologne, chez Pierre de Marteau, à la Sphère,* 1676, pet. in-12, 2 ff. burin et 600 pp. veau.

26. Du Gouvernement civil, où l'on traite de l'origine, des fondements, de la nature du pouvoir et des fins des sociétés politiques, traduit de l'anglois. *A Amsterdam (au Quærendo), chez Abraham Wolfgang, près la Bourse,* 1691, 321 pp. et 6 ff. titre, avertiss. et table, parch.

132 millim.

27. L'Horloge des princes, avec l'Histoire de Marc Aurel, empereur romain, recueilly par don Antonio de Gueuare et traduict de castellan en françois par R. B. de Grise, depuis revue et corrigée par A. de Herberay, seign. des Essarts. *A Paris, Claude Gautier,* 1572, pet. in-8 réglé, 41 ff. titre, table et préf. et 598 pp. chiffrées d'un côté, veau.

28. Humboldt. Kosmos (texte allemand). 4 vol. in-18.

29. Claudii Galeni de Elementis libri duo. Ejusdem, de Temperamentis libri III. *Lugduni, apud Guilelmum Rouillium,* 1549-1550, 2 t. en 1 vol. in-8, parch.

30. Pratique de la Géométrie sur le papier et sur le terrain, par Sébastien Le Clerc. *Paris, Jolly,* 1669, pet. in-12, frontisp. et vignettes sur chaque page, veau.

31. Les Admirables Secrets d'Albert le Grand. *A Cologne* 1703, pet. in-12, frontisp. 3 grav., papier de Holl.

32. Le Cuisinier françois, par le sieur de la Varenne. Troisième édition. *A Paris, chez Pierre David,* 1658, pet. in-12, p. vélin.

33. Classiques (les) de la Table, petite bibliothèque des écrits les plus distingués publiés à Paris sur la gastronomie et la vie élégante. *Paris, Martinon,* 1844, in-8, cart. toile.

34. Les Classiques de la Table, édition contenant, de plus que les précédentes, un dictionnaire des origines et provenances des produits des deux règnes, une histoire de l'art culinaire et des repas chez les peuples anciens et les modernes, des anecdotes, des chansons de table, une bibliographie depuis le xv^e siècle jusqu'à nos jours, etc., par Justin Améro. *Paris,* 1855, 2 vol. in-12, demi-rel. chagr. brun.

35. Gulyas Hus. *Strasbourg,* 1868, in-12, pap. bl. titre rouge et noir, cart. percal. (Rare).

Description d'un mets hongrois, tirée à petit nombre et non mise dans le commerce.

36. Fos (Léon de). Gastronomiana, proverbes, aphorismes, préceptes et anecdotes en vers, précédés de notes relatives à l'histoire de la table, par Georges d'Heilly. *Paris, Rouquette,* 1870, in-12, br.

Volume très-amusant, tiré à petit nombre sur papier vergé de Hollande, imprimé par Jouaust en jolis caractères elzéviriens. Tirage à 400 exemplaires.

37. Le Cirque Franconi. Détails historiques sur cet établissement hippique et sur ses principaux écuyers, recueillis par une chambrière en retraite, avec quelques portraits gravés à l'eau-forte par Frédéric Hillemacher. *Lyon, L. Perrin,* 1875, in-8, imprimé à 200 exempl. dont 8 sur chine, n° 5 sur chine.

38. Exposition universelle de Vienne 1873 illustrée, organe officiel de la Commission royale de Hongrie (Autriche). Dr Schnider, réd. en chef, J. Franck. *Paris, administr.*, 112, *rue Richelieu,* 40 livrais. 640 pages, figures, orn. toile rouge, tr. dor.

39. Exposition universelle 1867, 368 gravures. Peinture. Sculpture. Architecture. Album autographique. — L'Art à Paris. *Armand Lechevalier,* 61, *rue Richelieu,* 1867, toile rouge, orn.

40. Exposition universelle de 1867, illustrée. Publication internationale, fig. à toutes les pages. *Paris,* 60 livrais. 976 pages, moitié texte, moitié gravures. 2 vol. reliés ens. demi-rel. rouge, pl. toile, orn.

---

## BEAUX-ARTS.

41. Dolent (Jean). Petit Manuel d'art à l'usage des ignorants. *Paris, Lemerre,* 1874, in-12, br.

6 eaux-fortes de Millet, 1re édition. Rare.

42. École de la Mignature. Nouvelle édition, augmentée. *A Lyon, François Duchesne,* 1697, in-18, veau.

43. Holbein. Alphabet de la Mort, entouré de bordures du XVIe siècle et suivi d'anciens poëmes français sur le sujet

des trois Mors et des trois Vis, publié d'après les manuscrits par Anatole de Montaiglon. *Paris, imprimé pour Edwin Tross*, 1856, in-8, (*fig. sur bois dans le texte*), pap. vergé de Holl. demi-rel. rouge ant. mar. tête dor. n. r. avec la couverture. (*Raparlier*.)

44. Ingres, sa vie et ses ouvrages, par M. Charles Blanc. *Paris, veuve J. Renouard*, 1870, très-gr. in-8, portr. gravé par Flameng, et 12 belles gravures, demi-rel. chagr. violet.

De la vente Guizot.

45. Goncourt (Edm. et J. de). Gavarni, l'homme et l'œuvre, par E. et J. de Goncourt. *Paris, Plon*, 1873, in-8, beau portrait à l'eau-forte, par Flameng. L'eau-forte d'après un dessin de l'artiste. Fac-simile autographe.

46. Wright (Thomas). Histoire de la caricature et du grotesque dans la littérature et dans l'art. *Paris, Delahays*, 1875, gr. in-8, demi-chagr. vert, tête dor.

Édition illustrée de 238 figures.

47. M. Vitruvii Pollionis de Architectura libri decem. *Lugduni, apud Joannem Tornæsium*, 1552, avec gravures. Grand in-8, demi-rel.

48. Heilige Augen und Gemüthsdurst, Evangelia et Epistolæ, per Phil.-Jac. Crophilum, et figuris æneis illustrata à Johanna Sibylla Krause. *Augsburg, dr. Johann. Chr. Wagner*, 1707, in-4, frontisp. et 89 grav., parchem.

49. Mundi Lapis Lydius, sive vanitas per veritatem falsi accusata et conjuncta opera D. Burgundii. *Typis viduæ Jon. Cnobbari, Autuerp.*, 1639, in-4, frontisp. gravures par Diepenbeke, parch. bon état.

50. Les Sept Péchés capitaux, par Breughel, gravés par Cock, 1558, 7 feuilles in-4 en largeur.

51. Devises pour les tapisseries des Quatre Éléments. *Kraus fecit, Vienne*, 1763, in-fol. gravures cart.

52. Gravelot et Cochin. Almanach iconologique. *Paris, Latre*, 1768, in-18, texte gravé, 1 titre gravé et 12 figures, mar. rouge. (*Derome*.)

53. Foulquier (V.). Cinquante gravures et un portrait à l'eau-forte pour les Fables de la Fontaine. Épreuves tirées in-4, sur chine volant.

54. *Suite de* 12 *grav. de Marillier* pour les Mille et une Nuits. In-8 cart.

# BELLES-LETTRES.

## I. POÉSIE.

55. Publii Virgilii Maronis Opera, curis et studio Stephani Andreæ Philippi. *Paris*, *Coustelier*, 1745, 3 vol. in-12, 1 front. et 17 figures par Cochin fils, gr. par Duflos, et 20 culs-de-lampe, vélin.

56. Poésies de Sapho, suivies de différentes poésies dans le même genre. *A Londres*, *Cazin*, portr. pet. in-8, veau, fil. tr. dor.

57. Publii Virgilii Maronis Carmina omnia, explicuit Dübner. *Parisiis*, *ex typogr. Firminorum Didot*, 1858, vignettes, pet. in-12, jolie édition.

58. Les Métamorphoses d'Ovide, traduction nouvelle par M. l'abbé de Bellegarde. *Paris*, *chez Michel Brunet*, 1701, 2 vol. in-8, frontisp. et grav. par Ersinger, cart.

59. Di Tito Lucrezio Caro, della Natura delle cose, libri sei, tradotti da Mess. Marchetti. *Amsterdam* (*Paris*), 1754, 2 vol. gr. in-8, pap. de Holl. 2 frontisp. et 2 titres par Eisen, 6 fig. par Cochin et de Lorrain, 7 vign. dont 6 par Cochin et une par Eisen, et 5 culs-de-lampe, dont 2 gravés par Cochin, v. marb. tr. dor. (*Ancienne reliure.*)

60. L'Excellence de l'imprimerie, poëme latin, dédié au Roi, par Claude-Louis Thiboust, traduit par son fils. Nouvelle édition, avec des notes et le portrait de l'auteur, par Doublé, et 2 planches. *Paris*, 1754, in-8, demi-rel.

---

61. Satyres et autres œuvres de Regnier, accompagnées de remarques historiques. Nouvelle édition, considérablement augmentée. *Londres*, *Jacob Tonson*, 1733, in-4, veau. Texte encadré rouge.

62. Les Œuvres de Pierre de Ronsard, gentilhomme vandomois, augm., rédigées en cinq tomes, prem. tome. *A Lyon*, *pour Thomas Soubron*, 1592, pet. in-12, 671 pp. et 24 ff. vélin.

63. Le Cabinet satirique, ou recueil parfait de vers piquans, etc., etc. Seconde édition, revuë, corrigée et de beaucoup augmentée. *A Paris, chez Antoine Estoc*, 1619, frontisp. 669 pp. et 11 ff. titre, frontisp. et table, demi-rel.

64. Les Œuvres de Théophile, divisées en trois parties (publiées par G. de Scudéry). *Paris, Antoine de Sommaville*, 1661, pet. in-12.

65. Poëtes de ruelles au XVII^e siècle. — La Guirlande de Julie, augmentée de documents nouveaux, publiée avec notice, notes et variantes par Octave Uzanne et ornée d'un portrait inédit de Julie d'Angennes. *Paris, librairie des Bibliophiles*, 1875, in-12, front. et portr. br.

N° 10 sur 15 exemplaires sur papier de Chine. Portrait de Lalauze. Frontispice et vignette Mongin.

66. Œuvres de Nicolas Boileau-Despréaux avec des éclaircissements, etc. *La Haye, Vaillant, Gosse et de Hondt*, 1722, 4 vol. in-12, figures, veau, dos orn-, tr. r.

67. Œuvres de Nicolas Boileau-Despréaux avec éclaircissiments historiques donnez par lui-même. Nouvelle édition, revue et corrigée, etc. Enrichie de figures gravées par Bernard Picard le Romain, *Amsterdam, chez François Changuion*, 1729, 4 vol. in-12, 1 beau frontisp. et 6 figures pour le Lutrin, veau.

68. Taine (H.). Essai sur les Fables de la Fontaine. 2^e édit. *Paris, veuve Joubert*, 1853, 1 vol. in-8, demi-rel. mar. fon.

69. Amitiés, Amours et Amourettes, par M. le Pays. (*Au Quærendo*) *suivant la copie de Paris, se vendent à Amsterdam, chez André de Hoogenhuysen*, 1869, frontisp. de 1690 382 pp. et table, portrait de l'auteur, veau.

131 millim.

70. Des Marets (Ariana des Heren) aus dem französischen. *Zu Amsterdam, bei den Elzevieren*, 1659, frontisp. et titre imprimé, figures (16.)

131 millim.

71. Poésies de Benserade. *Paris, Jouaust*, 1875, in-8, br. Portr. et frontisp. de Lalauze.

N° 6 sur 15 exemplaires tirés sur chine.

72. Voltaire. La Henriade. Nouvelle édition. *Paris, veuve Duchesne*, 1770, 2 vol. in-8, 1 frontisp. 10 fig. et 10 vign. par Eisen, gravées par Longueil. On a ajouté une grav. de Moreau, veau marbr.

73. RECUEIL DES MEILLEURS CONTES EN VERS. *Londres (Paris), Cazin,* 1778, 4 vol. in-18, 1 portr. de la Fontaine et 113 vign. de Duplessis-Bertaux, veau marbr. tr. dor.

74. Contes et nouvelles en vers, par Voltaire, Vergier, Sénecé, Perrault, Moncrif et le P. Ducerceau. *Laris, Leclère,* 1862, 2 vol. in-8, vignettes, dos et coins de mar. br. foncé, dor. en tête, non rog.

Papier vergé. N° 16 sur 100 exemplaires.

75. Le Fond du sac, ou Recueil de contes en vers et en prose et de pièces fugitives, avec le conte de Point de lendemain (de Vivant Denon). *A Paris, Leclère, de l'imprimerie de L. Perrin de Lyon,* 1866, in-8, vignettes.

N° 177. Sur papier de Hollande, demi-rel. mar. bl. coins, tête dor. non rogn. (*Brany.*)

76. Œuvres de Bernard, ornées d'une gravure d'après Prudhon. *Paris, chez Janet et Cotelle,* 1823, in-8, demi-rel. dos orné non rogné.

77. L'Art de peindre, poëme, avec des réflexions sur les différentes parties de la peinture, par M. Watelet. *A Paris, Guérin-Delatour,* 1760, in-12, frontisp. fleuron, deux fig. 11 entêtes et 9 culs-de-lampe par Pierre, veau.

78. La Déclamation théâtrale, poëme didactique en trois chants, précédé d'un discours. *A Paris, Séb. Jorry,* 1766. — Dorat. La Danse, chant quatrième, 1767, gr. in-8, gr. pap. cart.

79. Lemierre. La Peinture, poëme en trois chants. *Paris, le Jay, s. d. Approbation de* 1769, in-4, titre gravé avec portrait du grand Corneille, par Saint-Aubin, et 3 belles figures par Cochin, pap. de Hollande. Encadrement aux figures, cart.

80. Parny. Poésies. *Isle de Bourbon (Paris),* 1778, in-12, 68 pp. fleuron sur le titre, cartonné.

C'est la première édition des œuvres de ce poëte.

81. La Pipe cassée, poëme épitragipoissardihéroïcomique. *Paris, Leclère,* 1866, in-8, demi-rel. coins mar. fauv. tr. dor. n. r. titres rouges.

Réimpression tirée à 200 exemplaires aux frais et pour le compte des souscripteurs, avec vignettes et culs-de-lampe de Eisen.

82. Desfontaines. Les Bains de Diane. *Paris, Costarel,* 1770, in-8. On a ajouté : Colardeau. Lettre amoureuse. *Paris, veuve Duchesne,* 1866, in-8, mar. r. (*Anc. rel.*)

*

83. Les Saisons, par Saint-Lambert, cinquième édition. *Amsterdam*, 1773, in-8, gravures de Leprince et Gravelot, vign. de Choffard.

84. IMBERT. Le Jugement de Pâris, poëme en 4 chants, suivi d'œuvres mêlées; nouvelle édition, corrigée et augmentée. *Amsterdam*, 1774, in-8.

Charmant volume du XVIII^e siècle, orné des figures de Moreau et de vignettes à mi-page de Choffard.

85. Blain de Sainmore. Joachim, ou le Triomphe de la piété filiale. *Amsterdam, et Paris, Delalain*, 1775, in-8, une figure par Marillier, veau.

86. Fables de Boisard. Seconde édition. 1777, 2 vol. in-8, grav. de Monnet, veau marb.

87. DE FAVRE. LES QUATRE HEURES DE LA TOILETTE des Dames, poëme en quatre chants. *Paris, Jean-Francois Bastien*, 1779, gr. in-8, 1 frontisp. 1 vign. 4 figures et 4 culs-de-lampe par Leclère, gr. pap. broché, non coupé.

88. Œuvres diverses de M. de Grécourt. Nouvelle édition (Cazin). *A Londres*, 1780, petit in-12, 4 vol. avec 4 frontispices avant la lettre, veau, tr. dor. filet.

90. Le Mérite des Femmes, par Legouvé. *Paris, Renouard, an XI* (1803), pet. in-12, deux grav. par Moreau et Thiébault.

On a ajouté : *l'Espérance*, poëme, par J.-B. de Saint-Victor. *Didot*, 1803, veau.

91. Le Chant du Sacre, par Lamartine. *Paris, Baudoin frères et Urbain Canel*, 1825, br. gr. in-8.

Édition originale.

92. Polydore Bounin. Poésies et poëmes. 1832, in-8, br. c. imp.

Avec la vignette qui manque souvent à ce romantique.

93. Sainte-Beuve. Volupté. *Paris, Eugène Renduel*, 1834, 2 vol. in-8, mar. vert foncé, demi-rel. DUPRÉ. Exempl. lavé et encollé.

ÉDITION ORIGINALE.

94. Albert Millaud. Fantaisies de jeunesse. Paris, 1866, in-8, br.

Exemplaire sur papier teinté. 2 eaux-fortes tirées sur bistre, de Hens.

95. Charles Baudelaire. Les Épaves, avec une eau-forte, frontispice de Félicien Rops. *Amsterdam, à l'enseigne du Coq*

(*Bruxelles, impr. Briard*), 1866, gr, in-12, mar. brun foncé, non rogné.

Exemplaire sur papier de Hollande.

96. Charles Asselineau. Charles Baudelaire, sa vie et son œuvre. *Paris, Lemerre*, 1869, 1 vol. in-8, br.

Exemplaire sur papier de Hollande. 5 portraits à l'eau-forte.

97. Charles Baudelaire. Souvenirs, correspondance, bibliographie, suivie de pièces inédites. *Paris, Pincebourde*, 1872, in-8, br.

Grand papier vergé.

98. Baudelaire (Ch.). Théophile Gautier, notice littéraire, précédée d'une lettre de Victor Hugo. *Malassis*, 1859, in-12, front. gr. titre rouge et noir, demi-cuir de Russie, tête d. n. r. (*Rare.*)

99. La Rapinéide, ou l'Atelier, poëme burlesco-comico-tragique en 7 chants, par un ancien rapin des ateliers Gros et Girodet (Le Noble). *Paris, Barraud*, 1870, 1 vol. in-8, dem.-rel. mar. fauve, coins polis, tr. dor. ébarbé, dos orné. (*Dupré.*)

Eaux-fortes de Henry Somm. Exemplaire sur grand papier vergé, rare. N° 8, sur chine.

100. Léon Grandet. Donaniel, poëme, 1866, in-16, avec eau-forte de Flameng, titre rouge et noir, cart. n. rog. — Gul, poëme, 1870, in-16, avec une eau-forte de Flameng, cart. n. rog. — Jeannette, poëme. *Lemerre*, 1872, — L'enragé, poëme. *Lemerre*, 1873. — Ensemble, 4 vol.

101. Le Parnassiculet contemporain. Recueil de vers nouveaux, précédé de l'Hôtel du Dragon bleu, et orné d'une très-étrange eau-forte. 2e édition, augmentée de 9 pièces inédites. *Paris*, 1872, in-12, demi-rel. mar. coins polis, jans. éb. t. dor. (*Dupré.*)

Parodie du Parnasse contemporain, par P. Arène, A. Daudet, Delvau, J. du Boys, Renard ; eau-forte sur chine.

102. Victor Hugo. L'Année terrible. Illustrations de L. Flameng, épreuves sur chine. *Paris, Lévy*, 1872, in-8.

1re édition, sur grand papier de Hollande. Tirage à 150 exemplaires. N° 23.

103. Chez Victor Hugo, par un passant (par M. A. Lecanu, avocat à la Cour d'appel de Paris). *Paris*, 1864, in-8, br.

Douze remarquables eaux-fortes dues à M. Maxime Lalanne, accompagnées d'un texte, sous la forme d'une causerie sur la vie privée, les habitudes et l'intérieur de la maison de M. Victor Hugo.

104. Alfred de Musset. Un Rêve. Ballade. Cent cinquante vers inconnus, avec une note bibliographique suivie d'une notice des portraits du poëte. *Paris, Rouquette*, 1775 (1875), plaquette in-8, br.

105. Ch. de Rylé. La Pipe, poëme tabaco-didactique. *Paris, Frédéric Henry, s. d.*, in-8, plaquette cartonnée toile. (*Behrends.*)

On a ajouté une figure en chromolithographie.

106. Thomas Moore. L'Épicurien, traduit par Henri Butat, les vers par Th. Gautier, préface d'Edouard Thierry, dessins de G. Doré. *Paris, Dentu*, 1865, 1 vol. in-8, demi-rel. mar. vert foncé, coins p. s. d. éb. (*Dupré.*)

Exemplaire sur grand papier.

107. Tassoni. La Secchia rapita, poema eroicomico di Alessandro Tassoni. *Paris, Prault et Durand*, 1766, 2 vol. gr. in-8, 2 titres gravés, chacun avec un fleuron différ., 1 frontisp., 1 portr. en médaillon par Gravelot, 12 fig. et 12 en-têtes par Gravelot, 11 culs-de-lampe par Huet et Marillier.

108. Labenski. Poésies de Jean Polonius. *Paris*, 1827, in-8, demi-rel. mar. or. tête dor. (*Lortic.*)

Voir sur Labenski la *Bibliographie romantique*, page 137 et suivantes.
Exemplaire d'Asselineau.

## II. THÉATRE.

109. L. et M. Annæi Senecæ Tragœdiæ cum notis Ph. Farnabi. *Amsterdami, apud Johannem Blaeu*, 1665, pet. in-12, frontisp. 3 ff. et 363 pp. rel. vél. avec fermoir.

110. Édouard Fournier. La Vraie Farce de maître Pathelin, mise en trois actes et en vers modernes. *Jouaust*, 1873, in-12, demi-rel. mar. bl. dos orn. n. r.

Très-rare.
Cet exemplaire contient les deux portraits à l'eau-forte de Got et de Coquelin.
On a ajouté deux eaux-fortes de Pâris à l'eau-forte, grand papier, *Mademoiselle Royer* et *le Jugement*.

111. Les Œuvres posthumes de M. de Molière, enrichies de figures en taille-douce. *A la Sphère, à Amsterdam, chez Guillaume Lejeune*, 1689, in-12, vélin.

Pièces contenues en ce sixième volume : les Amans magnifiques, 1689. — Dom Garcie de Navarre, ou le Prince jaloux, 1689. — La Comtesse d'Escarbagnas, 1689. — L'Impromptu de Versailles, 1689. — Mélicerte, pastorale, 1689.
128 millim.

112. La Fameuse Comédienne, ou histoire de la Guérin, auparavant femme et veuve de Molière ; réimpression conforme à l'édition de Francfort, 1688, suivie des variantes des autres éditions et accompagnée d'une préface et de notes, par Jules Bonnassies. *Paris, Barraud,* 1870, in-8, portr. à l'eau-forte, demi-rel. mar. bleu fonc. gr. marg. avec ex-libr.

Exemplaire, n° 3 sur chine.

113. Iconographie moliéresque, contenant la liste complète des portraits de Molière, celle de toutes les collections de vignettes exécutées pour l'ornement des diverses éditions de cet auteur, etc., par M. Paul Lacroix. *Nice, Gay*, 1872, in-12, demi-rel. mar. bl., dos orn. coins polis têt. dor. éb. (*Dupré.*)

Tiré à petit nombre.

114. Lettre de M. Desp. de B., avocat en Parlement, à M. le chev. de ***, sur les spectacles. Seconde édition. *Paris, veuve Lottin,* 1758 (par M. Despeaux de Boissi, fils de M. de Boissi, auteur du *Mercure de France*), pet. in-8, r.

115. Théâtre complet de M. Mercier, avec de très-belles figures en taille-douce. Nouvelle édition. *Amsterdam*, 1778-84, 4 vol. in-8, figures, demi-rel.

116. Berquin. Pygmalion, scène lyrique de M. J.-J. Rousseau, mise en vers par Berquin, le texte gravé par Drouët. *Paris,* 1775, gr. in-8, 20 pages compris la préf. titre gravé et 6 vign. par Moreau, cart.

117. Beaumarchais. La Folle Journée, ou le Mariage de Figaro, comédie en cinq actes, en prose. *Paris, Ruault*, gr. in-8, figures de Saint-Quentin grav. par Halbou, Liénard et Lingée. 1785, très-grandes marges (245 mill.), demi-rel. cart.

118. Les Burgraves, trilogie, par Victor Hugo. *Paris, E. Michaud*, 1843, gr. in 8, br. couverture, non coupé.

Édition originale.

119. Lemercier de Neuville. I Pupazzi, texte et images. *Paris-Pantin,* 2e série des Pupazzi. 1866-68. 2 vol. in-12, br.

120. L'Aminta. favola boschereccia di Torquato Tasso. Aggiuntovi il poemetto Amore fugitivo. *In Venezia*, 1769, frontispice, titre gravé avec fleuron, 7 figures, 9 entêtes et 11 culs-de-lampes, par Noue (les grav. avant la lettre), in-8, demi-rel.

121. Aminta, favola boschereccia di Torquato Tasso. *Londra* (*Livorno*), 1780, frontisp. et 5 grav., par Jean Lapi, in-18, veau, dos orné.

## III. ROMANS.

122. Longus. Daphnis et Chloé, traduction d'Amyot, reproduite avec la plus grande exactitude. Dessins d'Emile Lévy gravés à l'eau-forte par Flameng et imprimés dans le texte. Ornements par Giacomelli. Texte encadré en rouge. *Paris, librairie des Bibliophiles*, 1872, *Jouaust*, in-18, demi-rel. mar. bleu poli, coins, tête dor. ébarb. dos orné. (*Dupré.*)

Cet ouvrage, véritable *objet d'art typographique*, offre la réunion de tout ce qu'on peut imaginer pour une édition de luxe.

123. Apulée. L'Ane d'or, ou la Métamorphose, traduction de Savalète, préface de J. Andrieux, avec nombreuses gravures dessinées par A. Racinet et A. Bénard. *Paris, A. Didot*, 1872, in-8, broch., non coupé.

124. L'Éloge de la Folie, traduit du latin d'Érasme par M. Gueudeville; nouvelle édition, revue et corrigée, et ornée de nouvelles figures, avec des notes. 1753, in-12, frontisp., fleuron, vignette et cul-de-lampe, et 13 figures d'Eisen, veau, tr. rouge, dos orné.

125. Jo. Barclaii Argenis, editio novissima cum clave. *Amstelodani, ex officina Elizei Weyerstraten*, 1667, pet. in-12, frontisp., 569 pp. y compris titre et prol. et 3 ff. vél.

126. Les Œuvres de M. François Rabelais, docteur en médecine. *A la Sphère*, 1675, pet. in-12, prem. vol. seulement de 12 ff. 488 pp. et 5 ff. de table (127 mill.), vélin.

127. Rabelais. Suite complète de 17 gravures d'après Bernard Picard, tirage in-8, sur papier de Chine.

On peut joindre cette suite à toutes les éditions in-8 de Rabelais; c'est une reproduction des gravures qui sont dans l'édition de 1741.

128. Rabelais. Suite de 11 gravures et portrait, d'après Devéria, d'une carte du Chinonais et des généalogies, pour les Œuvres de Rabelais, in-fol. chine, avant la lettre.

129. Les Songes drôlatiques de Pantagruel, où sont contenues plusieurs figures de l'invention de maître F. Rabelais, avec une introduction et des remarques, par M. E. T. *Paris, Tross*, 1869, in-8 écu, pap. vergé. 120 *fig. gravées sur bois.*

130. Rabelais. Eaux-fortes de Rabelais, dessinées par Bracquemond. *Paris, A. Lemerre*, 1872.

Épreuves sur *papier de Chine*.

132. Bigarrures et Touches du seigneur des Accords avec les Apophthegmes du sieur Gaulard et les Escraignes dijonnoises. Dernière édition, augmentée. *Paris, Jean Richer*, 1614, in-12, avec des bois, parch.

133. MARGUERITE DE NAVARRE. Heptameron françois. Les Nouvelles de Marguerite, reine de Navarre. *Berne, chez la nouvelle Société typographique*, 1780-81, 3 vol. in-8.

Un frontispice par Dunker, qui sert à chaque volume, 73 figures par Freudenberg, 72 vignettes et 72 culs-de-lampe par Dunker, veau tr. r.

134. Les Amours de Psyché et de Cupidon, par M de la Fontaine. Nouvelle édition. *A la Haye, Adrien Moetjens*, 1707, pet. in-8, frontisp. titre rouge, veau.

135. Le Marquis de Chavigny. *Paris, Edme Martin*, 1670, in-8, vélin.

136. Scarron. Le Roman comique de M. Scarron. *Suivant la copie imprimée à Paris*, 1678, avec la troisième partie de 1680, aussi avec le *Quærendo*, de 216, 196 et 155 (pas 157) pp. outre les liminaires et les tables, frontispice gravé, v.

130 millim.

137. Scarron. Le Roman comique de M. Scarron. *A Amsterdam, chez Pierre Mortier*, 1695, avec privilége. Trois parties. La seconde partie *à la Sphère, suivant la copie imprimée à Paris*, 1693. La troisième *au Quærendo, suiv. la cop. impr. à Paris*, 1693.

137 millim.

138. Histoire de Mme de Bagneux, 1677, pet. in-12.

133 millim. 82 pp. dérel.

139. Cara Mustapha, grand vizir. Histoire contenant son élévation, ses amours dans le sérail, etc. *A la Sphère, suivant la copie imprimée à Paris*, 1684, 154 pp. compr. le titre et prélim.

132 millim. dérel.

140. Schyck Ally Beg Sanis, prince du sang de Perse, converti au christianisme. *Suivant la copie envoyée de Moscou à Leyde, chés Henri Drummond*, pet. in-12, 1684, dér.

121 millim. 71 pp.

141. Le Duc de Montmouth, nouvelle. *A Liége, chez Louys Montfort*, 1686, pet. in-12, 156 pp. der.

125 millim.

142. Nouvelles Lettres écrites des Champs-Élysées à plusieurs Princes, etc. *A la Sphère, à Cologne, chez Pierre Marteau*, 1697, frontisp. 142 pp. armoiries, veau, 124 mill.

143. PERRAULT (LES CONTES DES FÉES DE CH.), nouv. édit., revue et corrigée sur les éditions originales, précédée d'une critique, par Ch. Giraud. *Paris, Impr. impér.*, 1864, in-8, *papier de Hollande, figures*, mar. rouge plein fil. dos orné, tr. dorée. (*Raparlier.*)

Très-jolie édition, tirée à 400 exemplaires. On a ajouté une suite de 22 grav. en 4 états sur chine volant.

144. Les Aventures de Télémaque, fils d'Ulysse, ou suite du quatrième livre de l'Odyssée d'Homère, tome premier. Seconde édition, revue et corrigée. *Suivant la copie de Paris. A la Haye, Adrian Moetjens*, 1699, 2 ff. et 208 pp..

130 millim.

145. FÉNELON. Les AVENTURES DE TÉLÉMAQUE. *Amsterdam, Wetstein et G. Smith et Zacharie Châtelain*, 1734, gr. in-4, veau, grav. en taille douce, par B. Picart et Debrie.

146. La Vie et les Aventures de Lazarille de Tormes, écrites par lui-même. Deux parties en 1 vol., titres rouges. *Bruxelles, George de Backer*, 1698, pet. in-12, portrait et 18 grav. par Harrewyn, grandes marges.

147. Le Diable boiteux, par M. Le Sage. Nouvelle édition, avec les Entretiens et les Béquilles dudit Diable, par M. B. de S. 2 vol. rel. en 1. *Amsterdam et Leipzig, Arkstée et Merkus*, 1759, pet. in-12, titres rouges, frontisp. et 12 gravures taille-douce.

148. Prévost. Œuvres. *Amsterdam et Paris*, 1783-84, 39 vol. in-8, br.

149. Cabinet des Fées. *Genève*, 1785-89, 41 vol. in-12, br. figures.

150. Voyages imaginaires. *Amsterdam et Paris*, 1787-89, 39 vol. in-8, gravures, broch.

151. Aventures de l'abbé de Choisy habillé en femme, avec un avant-propos par P. L. (Paul Lacroix). *Bruxelles*, 1870, in-12, demi-rel. la Vall. dos et coins pol. tr. dor. éb. (*Dupré.*)

Exemplaire sur papier de Hollande.

152. Œuvres complètes de M^me^ Riccoboni, nouvelle édition, revue et augmentée par l'auteur, et ornée de 24 figures en taille-douce. *Paris, Volland*, 1786, 8 vol. in-8, veau.

153. Plaisirs (les) de l'amour, ou Recueil de contes, histoires et poëmes galans. *Chez Apollon, au Montparnasse*, 1782, 3 vol. en 1, in-12, front. et 17 très-jolies fig. brochés.

153 *bis*. Double du numéro précédent demi-rel.

154. Œuvres choisies et badines de Cazotte, nouvelle édition. *A Paris, André, an VII de la République*, 6 vol. pet. in-12, broch. six front. par Challiou.

155. Saint-Pierre (B. de). Paul et Virginie, suivi de la Chaumière indienne. *Paris, L. Curmer*, 1838, in-4, demi-mar. rouge, dor. sur tr. (*Allô.*)

156. Eggis (É.). Voyage aux Champs-Élysées. *Paris, Lecou*, 1855, in-18, demi-mar. la Vall. coins, tête dor. non rog.

157. Les Derniers Contes de Jean de Falaise, avec une eau-forte de Jules Buisson. *Paris, Poulet-Malassis*, 1860, in-18, br. non coupé.

158. Champfleury. La Succession Le Camus; frontispice dessiné et gravé par François Bonvin. *Paris, Poulet-Malassis et De Broise*, 1860, gr. in-12, demi-rel. mar. bl. tr. dor.

Exemplaire sur papier vergé.

159. Champfleury. Les Souffrances du professeur Delteil, avec quatre eaux-fortes dessinées et gravées par Cham. *Paris, Poulet-Malassis et De Broise*, 1861, gr. in-12, demi rel. mar. bl. tr. dor.

Exemplaire sur papier vergé. *Ex libris* d'Asselineau.

160. Daudet (A.). L'Arlésienne. *Paris, A. Lemerre*, 1872, 1 vol. in-12, br.

Exemplaires sur chine tirés à petit nombre et non mis dans le commerce.

161. Mérimée (Prosp.). La Chambre bleue, nouvelle dédiée à M^me^ de la Rhune, 1872, gr. in-8, vign. par Bracquemond, rel. pl. en moire antique bleue, tr. dor. non rog. dans un étui. (*Raparlier.*)

Cette nouvelle a été trouvée dans les papiers des Tuileries.

162. Daudet (A.). Contes du lundi. *Paris, Lemerre*, 1873, 1 vol. in-12, br.

Édition originale. Exemplaire sur chine, tiré à très-petit nombre.

163. La Tentation de saint Antoine, par G. Flaubert. *Paris, Charpentier*, 1874, gr. in-8, br. n. c.

Édition originale.

164. Prudence de Saman (Mme). Les Enchantements de Prudence, 2e édition. — Les Nouveaux Enchantements. — Gertrude. — Derniers Enchantements. *Michel Lévy*, 1874, 3 vol. in-18, br.

165. Le Secret de M. Ladureau, roman inédit, par Champfleury. *Paris, Dentu*, 1875, in-18, br.

1re édition.

166. La Peau de Chagrin, par M. H. de Balzac ; édition illustrée par cent gravures en taille-douce. *Paris, chez Abel Ledoux*, gr. in-8, demi-rel.

167. La Peau de Chagrin (comme le numéro précédent).

168. Baudelaire (Ch.). Les Paradis artificiels : opium et haschisch. *Paris, Poulet-Malassis*, 1860, in-12.

Édition originale. Rare.

169. Cladel (Léon). Les Va-nu-pieds. *Paris, Lemerre*, 1873, in-12, titre rouge et noir, br.

Édition originale.

170. Delvau (A.). Garibaldi, Vie et Aventures, 1807-59, par Alfred Delvau. *Paris*, 1859, in-4, illust. bois, br. couvert.

171. Alfred Delvau. Les Dessous de Paris, avec une eau-forte de Léopold Flameng. *Paris, Poulet-Malassis et De Broise*, 1860, in-18, br. couverture.

172. Alfred Delvau. Histoire anecdotique des cafés et cabarets de Paris, avec dessins et eaux-fortes de Gustave Courbet, Léopold Flameng et Félicien Rops. *Paris, E. Dentu*, 1862, in-18, br. non coupé, couverture.

173. Alfred Delvau. Lettres de Junius. *Paris, E. Dentu*, 1862, in-18, br. couverture.

174. Alfred Delvau. Les Amours buissonnières. *Paris, E. Dentu*, 1863, in-18, br.

175. Alfred Delvau. Les Cythères parisiennes, histoire anecdotique des bals de Paris, avec 24 eaux-fortes et 1 front. de Félicien Rops et Emile Théroud. *Paris, Dentu*, 1864, in-18, br. couv. non rog. non coupé, vign. sur la couverture.

176. Alfred Delvau. Histoire anecdotique des barrières de Paris, par Alfred Delvau, avec 10 eaux-fortes par Emile Théroud. *Paris, E. Dentu*, 1865, in-18, br. couvert.

177. Delvau. Mémoires d'une honnête fille, avec le portrait de l'auteur par G. Stall. ' *Paris, Achille Faure*, 1866, in-18, br.

178. Alfred Delvau. Les Heures parisiennes, 25 eaux-fortes d'Emile Benassit. *Paris, librairie centrale*, 1866, in-18, br. couvert. — Histoire du livre d'Alfred Delvau, intitulé : Heures parisiennes. *Paris, librairie centrale*, 1872, in-18.

179. Alfred Delvau. Du pont des Arts au pont de Kehl (Reisebilder d'un Parisien), avec un frontispice par Emile Benassit. *Paris, Achille Faure*, 1866, in-18, br. couvert,

180. Delvau (A.). Les Plaisirs de Paris, ou Guide pratique et illustré, par Delvau. 1867, in-18, br.

181. Alfred Delvau. Les Lions du jour, physionomies parisiennes. *Paris, Dentu*, 1867, in-18, avec une vignette sur· la couvert. br.

182. Alfred Delvau. — A la porte du Paradis. — Ma Première leçon de boxe. — Je me tuerai demain. — Feu André André. — L'Héritier du mandarin. *Paris, Achille Faure*, 1867, in-18, br. couv.

183. Alfred Delvau. Au bord de la Bièvre, impressions et souvenirs ; nouvelle édition, précédée d'une bibliographie des ouvrages de l'auteur. *Paris, chez René Pincebourde*, 1873, in-8, br.

184. Cervantes. L'Ingénieux hidalgo Don Quichotte de la Manche, traduit et annoté par Louis Viardot, vignettes de Tony Johannot. *Paris, Dubochet*, 1836, 2 vol. gr. in-8, demi-mar. dor.

185. Les Principales Aventures de l'admirable Don Quichotte, tirées de l'original de Miguel de Cervantes. *A la Haye, et Paris, chez Bleuet*, 1774, 2 vol. in-8, avec grav. demi-rel.

186. Nouvelles espagnoles de Michel de Cervantes, par Lefebvre de Villebrune. *A Paris, Defer de Maisonneuve*, 1788, in-8, grav. veau. (*Le vol. III seul.*)

187. Galatée, pastorale, imitée de Cervantes, par M. de Florian, cinquième édition. *A Paris, de l'impr. de Monsieur*, 1788, pet. in-12, portr. et grav. par F. Couet, veau, fil. tr. dor. (*Anc. rel.*)

188. Histoire en forme de dialogues sérieux de trois philosophes (Torquemada), le tout réduit en six journées, nouvellement traduictes d'espag. en franç. par G. C. T. (Gabriel Chapuys Tourangeau). *A Rouen, Jean Roger*, 1625, pet. in-12, veau.

189. Arétin (Pierre). Sept petites nouvelles de Pierre Arétin concernant le jeu et les joueurs, traduites en français pour la première fois et précédées d'une étude sur l'auteur et sur divers conteurs italiens, par Philomneste junior. *Paris, J. Gay*, 1861, in-12, portr. photographié, demi-rel. mar. bleu, dos orné, coins pol. tête dor. éb. (*Dupré.*)

190. La Poupée, par M. de Bibiena, dernière édition, 2 part. en 1 vol. *A la Haye, chez Pierre Paupie*, 1748, pet. in-8, mar. rouge. (*Reliure ancienne.*)

191. Œuvres pastorales de M. Merthgen, traduites de l'allemand par M. le baron de Nausell, suivies des Aulnays de Vaux, idylles françaises par M. le Roux de la Bapaumerie. *A Paris, Belin*, 1783, 2 vol. pet. in-12, front. et 2 grav. par Le Barbier, veau écaille, fil. (*Anc. rel.*)

## IV. CRITIQUE. — SATIRES. — FACÉTIES. ÉPISTOLAIRES. — POLYGRAPHES.

192. Monselet (Ch.). La Lorgnette littéraire, dictionnaire des grands et petits auteurs de mon temps. *Paris, Poulet-Malassis et De Broise*, in-16, demi-rel.

Sur le faux titre : « Salon littéraire national. »

193. Monselet (Ch.). La Lorgnette littéraire, complément, 1870, in-18, br. *Tiré à petit nombre.*

194. Barbey d'Aurevilly. Les Quarante Médaillons de l'Académie. *Paris, Dentu*, 1864, in-12, br.

Violente critique des académiciens par quelqu'un qui ne l'est pas.

195. La Revue de poche littéraire et anecdotique. *Paris*, 1866-67, tom. I à III en 18 livr. in-12. — La Nouvelle Revue de poche, littéraire, anecdotique et bibliographique. *Paris*, 1868, tom. I et II en 12 livr. in-18. — La Gazette de Hollande, par les rédact. de la Revue de poche du 10 août 1867, 4 janvier 1868 n° 1-22, 5 vol. cart.

196. Adagiorum D. Erasmi Roterdami Epitome, editio novissima. *Amstelodami, apud Lud. Elsevir.*, 1650, pet. in-12, de 12 ff. limin. y compris le titre en rouge et noir, 622 pp. et 36 f. index, dérel.

137 millim.

197. Hexaméron rustique, ou les Six Journées passées à la campagne (par La Mothe le Vayer). *S. l.*, 1671, pet. in-12, 2 ff. titre et table et 157 pp. veau.

140 millim.

198. Pensées ingénieuses des anciens et des modernes. *A Lyon*, *Hilaire Bartel*, 1693, in-18, veau.

199. L'Éloquence du temps enseignée à une dame de qualité, par M*** de l'Académie. *Bruxelles*, *Jean Léonard*, 1706, pet. in-12, 287 pp.

200. Le Roux de Lincy. Le Livre des proverbes français, précédé de recherches historiques. *Paris*, *Delahays*, 1859, 2 vol. in-12, demi-rel. mar. (*Dupré.*)

201. Recueil de pièces rares et facétieuses, anciennes et modernes, en vers et en prose, remises en lumière pour l'esbattement des Pantagruélistes, avec le concours d'un bibliophile. *Paris*, 1872-1873, 4 vol. in-12, nombr. fig. dans le texte, avec grav. — Les trois premiers volumes comprennent 63 pièces facétieuses, et le tome IV le *Plat de Carnaval.*

Collection Caron, augmentée. Exemplaires sur chine, n° 8.

202. Béroalde de Verville. Le Moyen de parvenir. *Paris*, *Willem*, 1870, 2 vol. pet. in-8, maroq. rouge anc. fil. dos orné, dent. int. tr. dor. — Contes en vers imités du Moyen de parvenir, par Grécourt, la Fontaine, Plancher-Valcour, Régnier, etc., avec les imitations de M. le comte de Chevigné et celles d'Epiphane Sidredoulx. *Paris*, *Willem*, 1874, pet. in-8, br. Ensemble 3 vol. cart. perc. jaune, encollé.

Exemplaire sur chine. Nombreuses vignettes et fleurons. Tiré à très-petit nombre sur ce papier.

203. M^lle^ de Lubert. Histoire secrète du prince Croqu'étron et de la princesse Foirette. Réimpression textuelle de l'édition publiée à Paris vers 1790, augmentée d'une notice bibliographique. *A Nice, chez J. Gay et fils*, 1873, in-12 (n° 47), demi-rel. mar. bl. dos orn. coins pol. tr. dor. éb. (*Dupré.*)

204. Lucina sine concubitu, ou la Génération solitaire, par Abraham Johnson, avec une introduction et des notes de J. Assézat. *Paris*, *Frédéric Henry*, 1865, 1 vol.—L'Homme machine, par La Mettrie, avec une introduction et des notes de J. Assézat. *Paris*, *Frédéric Henry*, 1865, 1 vol. Ens. 2 vol. in-12, cart. toile, n. r.

205. J. Ollivier. Alphabet de l'Imperfection et Malice des femmes. *Barraud, Paris*, 1876, in-8, br. chine, n° 6 sur 100 ex.

40 eaux-fortes dessinées par Gilbert, gravées par Cathelin. 20 culs-de-lampe de Choffard.

206. V. Jos. et Jouy. La Galerie des femmes, collection incomplète de huit tableaux, recueillis par un amateur. *Hambourg (Paris)*, 1799 (*Réimpression, Bruxelles*), 1869, in-12, 203 pp. — Fac-simile de l'écriture de Ch. Monselet, — Tiré à 300 exemp., n° 74, 9 eaux-fortes, demi-rel. mar. rouge ant. poli, coins, tête dor. éb. (*Dupré.*)

207. Mercier de Compiègne. Éloge du Sein des femmes. *Paris, Barraud*, 1873, in-8, demi-mar. bl. tr. supér. dor. n. rogné.

Édition ornée de jolies vignettes et culs-de-lampe (15).

4e édition, revue, annotée et considérablement augmentée. Édition tirée à 20 exemplaires sur chine, n° 26. Titre rouge, demi-rel. mar. la Vall. cl. pol. coins f. or. tr. dor. non rogné. (*Dupré.*)

208. Les Nuits d'épreuve des villageoises allemandes avant le mariage, dissertation sur un usage singulier, trad. de l'allem., avec notes, par un bibliophile. *Paris*, 1861, in-16. pap. vergé, demi-rel. mar. bleu, d. coins polis, tête dor. éb. dos orné. (*Dupré.*)

Tiré à 100 exemplaires. Exemplaire de *Sainte-Beuve*.

209. Plaidoyer de Me Freydier, avocat à Nismes, contre l'introduction des cadenas ou des ceintures de chasteté. Nouvelle édition, par Philomneste Junior. *Paris, Jules Gay*, in-12, 1863, demi-rel. mar. bleu, d. c. p. tr. dor. éb. (*Dupré.*)

Tiré à 100 exemplaires numérotés, n° 92.

210. L'abbé Boileau. De l'Abus des nudités de gorge. 1857, in-12. — Discours sur la nudité des mamelles des femmes, par un Revérend Père capucin, publié pour la première fois, d'après un manuscrit du XVIIIe siècle, avec une notice et une biblographie, par Ch. D. *Gand, Duquesne*, 1857, in-12. — La Consolation des C****. *Mons*, 1861, demi-rel. mar. d. orn. tr. dor. n. rog.

212. Le Traité des trois imposteurs (De Tribus impostoribus; M. D. IIC), traduit pour la première fois en français, texte latin en regard, notice philologique et bibliographique, par Philomneste Junior. *Paris*, 1861, demi-rel. mar. dos et coins pol. tête dor. éb. (*Dupré.*)

Traité célèbre, attribué à Spinosa.

213. La Papesse Jeanne, étude historique et littéraire, par Philomneste Junior. *Paris, Gay*, 1862, in-16, demi-rel. mar. cl. dos et coins pol. tête dor. éb. (*Dupré.*)

214. L'Apocalypse de Méliton, ou Révélation des mystères cénobitiques, par Méliton (Cl. Pithois) et Saint-Léger. *Chez Noël et Jacques Chartier*, 1665, pet. in-12 de 4 ff. titre, préface et frontisp. et 238 pp. et 1 f. table (143 mill.).

133 millim.

215. La Morale pratique des Jésuites représentée en plusieurs histoires arrivées dans toutes les parties du monde. *Cologne, Cervinus Quentel*, 1669, pet. in-12 de 11 ff. prélim. y compris le titre, et de 44 et 287 pp. (143 mill.).

133 millim.

216. Louis Veuillot. Les Odeurs de Paris. *Paris*, 1867, n-8, demi-rel. (première édition.)

217. C. Plinii Cæc. Sec. Epist. Libri IX, ejusdem ad Trajan. imp. Epist., etc., etc. — Adjunctæ sunt Isaaci Casauboni notæ in epistolas. *Excud. Henr. Steph., anno* 1591, 3 tomes en un vol. parchem.

218. In Caii Plini Secundi Epistolarum libros decem, notæ et observationes, auctore Claudio Minol. *Parisiis, apud Joann. Richerium*, 1688, in-12, parchem.

219. Victor Develay. Lettres des hommes obscurs, traduites du latin. *Paris, Librairie des bibliophiles*, 1870, 3 vol. in-32, grav. sur bois, mar. vert foncé, dent. tête dor. n. rog. (*Quinet.*)

Dans un étui.

220. Quintilien et Pline le jeune. Œuvres complètes, texte latin et traduction française, publiées sous la direction de Nisard. *Paris*, 1850, gr. in-8, demi-rel. la Vall. coins, tr. jasp. (*Kœhler.*)

221. Les Œuvres diverses de Balzac, augmentées en cette édition de plusieurs pièces nouvelles. *A Paris, Claude Barbin*, 1658, pet. in-12, 452 pp. 2 ff. titre et table (138 mill.).

138 millim.

222. Apologie de Monsieur de Balzac et le Barbon dudit S^r de Balzac. *A Paris, Jean Guignard*, 1663, pet. in-12, 203 pp. et 6 ff.; le Barbon, 68 pp. compris le titre, v. (138 mill.).

138 millim.

223. Œuvres diverses de Fontenelle, de l'Académie françoise. Nouvelle édition, augmentée et enrichie de figures gravées par Bernard Picart le Romain. *La Haye, Gosse et*

*Neaulme*, 1728-1729, 3 vol. gr. in-4, 6 frontisp. ou fig. par B. Picart, dont 1 le portrait de Fontenelle, veau.

224. Œuvres mêlées de Mr de Saint-Evremond, publiées sur les manuscrits de l'auteur. Nouvelle édition, revue, corrigée, etc. *A Amsterdam, chez Pierre Mortier*, 1706, 5 vol. in-12, portrait, gravures, frontisp. vign.

225. Œuvres de Gresset. Nouvelle édition, faite d'après l'original et enrichie de superbes figures. *A Paris, chez Volland*, 1794, 2 vol. tirés in-4, 6 fig. non signées et un portrait de Gresset.

226. Salomon Gessner. Œuvres. *Paris, Renouard, an VII* (1799), 4 vol. in-8, 3 portraits et 48 figures par Moreau, cart. non rog. non coupé. Belles épreuves.

227. Bibliothèque originale. *Paris, René Pincebourde*, 1866, 7 vol. in-12 carré, demi-rel. mar. bl. tr. sup. dor.

228. Petite Bibliothèque des curieux. Urbain Grandier, curé de Loudun. Traicté du célibat des prestres, opuscule inédit. Introduction et notes par Robert Luzarche. Frontispice à l'eau-forte de Ulm. *Paris, René Pincebourde*, 1866, pet. in-12. (*Papier de Chine, avec la figure noire, bistre et rouge.*) — Albert de la Fizelière. Vins à la mode et Cabarets du XVIIe siècle. Frontispice à l'eau-forte de Maxime Lalanne. *Paris, chez René Pincebourde*, 1866, in-12. (*Exemplaire sur papier de Chine.*) — Théodore de Banville. Les Camées parisiens. *A Paris, chez René Pincebourde*, 1866, 2 vol. in-12, demi-rel. mar. r. tête dor. n. rog. (*Papier de Chine, tiré à un très-petit nombre; frontispice en trais états, rouge, bistre et noir.* (*On a ajouté une lettre autographe de Banville.*) 5 vol. demi-rel. mar. r. aut. coins pol. tr. dor. éb. (*Dupré.*)

---

# HISTOIRE.

229. Le comte de Beauvoir. Voyage autour du monde, renfermant : Australie, Java, Siam, Canton, Pékin, San Francisco. Gr. in-8 colombier, illustré de plus de 116 gravures, cartes, plans et fac-simile, demi-rel. chagr. plats en toile, tr. dor.

230. Promenade autour du monde (1871), par M. le baron de Hübner. *Paris, Hachette et Cᵉ*, 1873, 2 vol. in-8, demi-rel.

231. Arminius Vambéry. Voyage d'un faux derviche dans l'Asie centrale, de Téhéran à Khiva, à Bokhara et à Samarcand à travers le grand désert Turcoman; ouvrage traduit de l'anglais par M. E.-D. Forgues, illustré de 34 grav. sur bois et accompagné d'une carte. 2ᵉ édition, revue par l'auteur. Gr. in-8, demi-rel. chagr. plats en toile, tr. dor.

232. P. de Musset. Voyage en Italie, partie méridionale, et en Sicile. Illustrations par MM. Rouargue frères. Nouvelle édition, revue et corrigée par l'auteur. *Paris, Morizot*, 1865, gr. in-8, demi-rel. rouge, plats en toile, doré sur tranches.

233. Plutarque. La Vie des hommes illustres des Grecs et Romains. *Lauzanne, par François le Preux*, 1575, gr. in-fol.

234. Les Courtisanes de la Grèce d'après les auteurs grecs et latins, par P. L. Jacob, bibliophile. 1872, pet. in-8 de 208 pp. (nº 154), demi-rel. mar. bl. dos et coins p. tr. dor. éb. (*Dupré.*)

235. C. Julii Cæsaris quæ extant ex emendatione Jos. Scaligeri. *Amstelodami, typis Danielis Elzevirii, sumptibus Societatis*, 1675, frontisp. cartes, 456 pp. 30 ff. index, parch. pet. in-32 (120 mill.).

120 millim.

236. Rome galante, ou Histoire secrète sous les règnes de Jules César et d'Auguste (par le chev. de Mailly). *Paris, Guignard*, 1696, frontisp. 2 t. en 1 vol. pet. in-8, vélin.

237. (Bonnafé). Les Collectionneurs de l'ancienne Rome, notes d'un amateur. *Paris, Aubry*, 1867, pet. in-18, cuir de Russie, dent. int. tête dor. n. rog. (*Behrends.*)

Exemplaire sur papier de couleur, avec envoi d'auteur. *Ex libris* d'Asselineau.

238. Théâtre du monde, par M. Richer, avec les grav. d'après Moreau et Marillier. *A Paris, Defer de Maisonneuve*, 1788, 4 vol. in-8, veau.

239. Les Imposteurs insignes, histoires véritables et curieuses. *A Amsterdam, chez Pierre Wolfgang*, frontisp. (Le second titre :) Les Imposteurs insignes, ou Histoires de plusieurs hommes de néant, avec leurs portraits (15) (par de Rocoles). *Amsterdam, chez Pierre Mortier*), 1696, 500 pp. 11 ff. et 1 f. table.

126 mill.

240. Nouvelles Lettres écrites des Champs Élysées à plusieurs princes, etc. *A la Sphère, à Cologne, chez Pierre Marteau*, 1697, frontisp. **142** pp. armoiries, veau (124 mill.).

241. Recherches politiques très-curieuses, tirées de toutes les histoires tant anciennes que modernes (par François Savinien d'Alquié). *A Amsterd., chez Casparus Commelin*, 1669, pet. in-12 de 6 ff. prél., 435 pp. de texte et 8 pp. de table, parch.

128 millim.

242. Édouard Fournier. L'Esprit dans l'histoire, recherches et curiosités sur les mots historiques. *Paris, E. Dentu*, 1867, in-12, br.

243. H. Wallon. Jeanne d'Arc. *Paris, Didot*, 1876, in-4, illustré de 14 chromos et de 200 gravures d'après les monuments de l'art depuis le XVe siècle jusqu'à nos jours, br. couverture.

1re édition.

244. Histoire secrète de Henri IV, roy de Castille. *A Villefranche, chez Pierre et Henry*, 1696, pet. in-12, 236 pp. titre et prél. compris.

137 millim.

245. Mémoires de la reyne Marguerite (publiés par Mauléon de Granier), nouvelle édition, plus correcte. *Jouxte la copie, à Paris*, 1658, pet. in-12 de 197 pp. y compris le titre.

246. Bussy-Rabutin. Histoire amoureuse des Gaules. *A Liége (à la Croix de Malte), s. d.*, 2 part. en 1 vol. de 190 et 68 pp. plus 2 ff. pour la clef, pet. in-12, parch.

131 millim.

247. Les Amours d'Anne d'Autriche, épouse de Louis XIII, avec Monsieur C. D. R., le véritable père de Louis XIV, aujourd'hui Roi de France. *A la Sphère, à Cologne, chez Pierre Marteau*, 1693, pet. in-12, 40 ff. prél. et 132 pp. On y a joint : Examen des prétextes de l'invasion des François pour l'instruction des Anglois, 57 pp. (136 mill.).

136 millim.

248. Bouclier d'Estat et de Justice, nouvelle édition. 1667, pet. in-12, 251 pp. dont les 18 premières ne sont pas chiffrées. La plus jolie édition, cart.

130 millim.

249. Bouclier d'Estat et de Justice, contrefaçon de la précédente édition, non citée dans Pieters. Pet. in-12, 220 pp.

dont les 12 prem. ne sont pas chiffrées. La table au dos du titre contient six paragr. au lieu de cinq.

135 millim.

250. Recueil de plusieurs pièces servant à l'histoire moderne, dont les titres se trouvent à la page suivante. *A Cologne, chez P. du Marteau*, 1663, pet. in-12 de 12 ff. et 524 pp. parch.

130 millim.

251. Recueil des dépenses de M. Fouquet, 1665, 5 tomes pet. in-12. — Suite du Recueil, 1667, 7 tomes. — Conclusions des dépenses, 1668. — Factum de M. Fouquet, 1666. — Observation sur un manuscrit, 1666. — En tout 15 vol. demi-rel. La réunion des 15 vol. est rare.

131 millim.

252. Lacroix (Paul). XVIIIe siècle. Institutions, usages et costumes en France (1700-1789). Ouvrage illustré de 21 chromolithographies et de 350 gravures sur bois. *Paris, Firmin-Didot*, 1875, gr. in-8 jésus, br.

253. Goncourt (E. et J. de). L'Amour au XVIIIe siècle. *Paris, Dentu*, 1875, pet. in-8, br. neuf.

Frontispice à l'eau-forte, 2 fleurons, texte encadré. Papier de Chine.

254. Cotillon III, Jeanne Béqus, comtesse Du Barry, amours, règne, intrigues, dépenses, procès et supplice de la dernière maîtresse de Louis XV, par G. d'Heilly. *Paris*, 1867, in-12, br.

N° 8 sur chine.

255. Lanfrey. Essai sur la Révolution française. *Paris*, in-8, demi-rel.

256. Dauban. Étude sur Mme Roland et son temps. — Mémoires de Mme Roland, seule édition conforme au manuscrit autographe, avec portraits de Mme Roland et de Buzot, gravés par Nargeot. *Paris, Plon*, 1864, 2 vol. in-8, demi-mar. fonc. tr. jasp.

257. Marie-Antoinette, ou Causes et Tableau de la Révolution, par M. le ch. de Mayer. *S. l.*, 1794, in-8 (franç. et allem.), grav. cart.

258. Lamotte-Valois (le comte de). Mémoires inédits sur sa vie et son époque (1754-1830), publiés d'après le manuscrit autographe, avec un historique préliminaire, des pièces justificatives et des notes, par Louis Lacour. *Paris, Poulet-Malassis et De Broise*, 1858, gr. in-12, cart. n. rog.

Un des deux exemplaires sur papier de Chine, avec la *Suite de l'appen-*

*dice A* (6 pages non paginées) ajoutée aux exemplaires sur papier de Chine ou de Hollande seulement.

Vente Asselineau avec l'*ex libris*.

259. Le Procès des trois rois, Louis XVI, Charles III et George III de Hanovre, fabricant de boutons. Trad. de l'anglais. *Londres*, 1781, pamphlet in-8, br.

260. Hamel (Ernest). Histoire de Robespierre d'après des papiers de famille, les sources originales et des documents entièrement inédits. *Paris, Lacroix,* 1865, 3 forts vol. in-8, demi-rel. foncée.

261. Claretie (Jules). Les Derniers Montagnards, histoire de l'insurrection de prairial an III (1795), d'après les documents originaux et inédits. *Paris, Lacroix,* 1867, in-8, demi-rel.

Avec envoi de l'auteur.

262. Hamel (Ernest). Histoire des deux conspirations du général Malet. *Paris,* 1873, in-8, br. neuf.

263. Prévost-Paradol. La France nouvelle. *Paris, M. Lévy*, 1868, 1 vol. in-8, br.

1re édition, demi-rel. mar.

264. Joly (Maurice). Dialogue aux enfers entre Machiavel et Montesquieu, ou la Politique de Machiavel au XIXe siècle. *Bruxelles*, 1864, in-12, demi-rel. m. viol. br.

Satire violente contre Napoléon III.

265. Le Dernier des Napoléon. *Paris, Lacroix,* 1874, in-8, demi-rel.

3e édition.

266. Renan (E.). Questions contemporaines. *Paris*, 1868, in-8, rel.

1re édition.

267. Duc de Broglie, de l'Acad. franç. Vues sur le gouvernement de la France. *Paris, Michel Lévy frères*, 1870, in-8 (publié par son fils), demi-rel. chagr. dos orné.

268. Paris-Guide, par les principaux écrivains et artistes de la France; figures. *Paris, Lacroix*, 1867, 4 part. en 2 forts vol. in-8, mar. rouge, ébarb.

269. Sartines. Journal de l'inspecteur, de M. de Sartines, 1761-1764. *Paris, Dentu*, 1863, in-12, demi-chag.

270. Mercier. Paris pendant la Révolution (1789-1798), ou le Nouveau Paris. Nouvelle édit., annotée, avec une introduction. *Paris, Poulet-Malassis,* 1862, 2 vol. in-12, demi-mar.

271. Privat d'Anglemont. Paris anecdote. *Delahays*, 1860, in-18. — Privat d'Anglemont (A.). Paris inconnu, précédé d'une étude sur Privat, par Alfred Delvau. *Paris, Delahays*, 1861. — vol. rel. ens. demi-rel. mar. v. coins, dos orn. t. d. éb. (*Behrends*.)

272. Mané. Paris aventureux, avec une dédicace à Marguerite Rigolboche. *Paris, Dentu*, 1860, in-18 jésus, br. — Paris mystérieux. *Paris, Dentu*, 1861, in-18 jésus, br. — Paris viveur. *Paris, Dentu*, 1862. — Ens. 3 vol. avec une grav. sur bois de Chevauchet sur le titre, couvertures.

273. Fournier (Éd.). Histoire du Pont-Neuf. *Paris, Dentu*, 1862, 2 vol. in-18, avec la photographie, demi-rel. mar. v. coins. (*Belz-Niedrée*.)

274. Fournier (Éd.). Paris démoli, 2e édit., revue et augmentée, avec une préface par M. Théophile Gautier. *Paris, Auguste Aubry*, 1855, in-12, demi-rel. dos et coins mar. br. tête dor. éb. (*David*.)

275. La Fizelière (Albert de). Histoire de la crinoline au temps passé, suivie de la satire sur les cerceaux, paniers, etc., par le chevalier de Nisard, et de l'indignité et l'extravagance des paniers, par un prédicateur. *Paris, Aubry*, 1859, in-12, br.

276. Ténot (Eugène). La Province en décembre 1851, étude historique sur le coup d'Etat. *Paris*, 1868, in-8, demi-rel. v. f. — Ténot (Eugène). Paris en décembre 1851, étude historique sur le coup d'Etat. *Paris*, 1868, in-8, demi-rel. v. f. — 2 vol. rel. ens. demi-rel. chag.

277. Siége de Paris. Lettre-journal, Gazette des absents. *Paris, Jouaust*, 1870-71.

Recueil original complet. Nos 1-40 et nos 1-8. Supplément, couvertures, cartonné.

278. Nuitter (Charles). Le Nouvel Opéra, par Charles Nuitter, archiviste de l'Opéra; ouvrage contenant 59 gravures sur bois et 4 plans. *Paris, Hachette et Ce*, 1875, gr. in-8, br.

PAPIER DE CHINE, tiré à 150 exemplaires. Exemplaire no 61.

279. Intérêts et Maximes des princes et des Etats souverains (par Henri, duc de Rohan). *A la Sphère, à Cologne, chez Jean du Pays*, 1673, pet. in-12 de 4 ff. et de 248 pp., et à la suite : Maximes des Princes et Estats souverains. (*A la Sphère*) *à Cologne*, 1666, pet. in-12, 246 pp. compris le titre, un avis au lecteur et la préface, qui occupe 4 ff. non chiffrés.

133 millim.

280. Testament et Codicille de Charles II, roi d'Espagne, fait le 2 octobre 1700, avec plusieurs pièces curieuses concernant ledit Testament. *A la Haye, Jean Fleury*, 1701, pet. in-12, 227 pp. veau.

281. Taine (H.). Voyage en Italie. *Paris, Hachette*, 1866, 2 vol. in-8, demi-rel. chagr. viol.

1re édition.

282. Galibert (Léon). Histoire de la République de Venise, fig. grav. *Paris*, 1847, gr. in-8, demi-rel. rouge, pl. toile, dos orné, dor. sur tr.

283. Les Mémoires de madame la princesse Marie Mancini Colonne, gr. connétable du royaume de Naples. *Cologne, Pierre Marteau*, 1677, pet. in-12, pp. 140 à la tête de Méduse.

132 millim.

284. La Vie de Charles V, duc de Lorraine et de Bar, divisée en cinq livres. *A Amsterdam, Jean Garrel*, 1691, frontisp. portrait, pet. in-12, veau.

285. Vues de Vienne en Autriche ; recueil de 30 planches représentant des façades des principaux hôtels de la ville et des faubourgs, gravés sur cuivre, d'après les dessins de J.-And. Pfeffel, avec une explication en français et en allemand ; précédé d'un plan-carte de Vienne et d'un avis au lecteur en latin et en allemand. 1 vol. in-fol. obl. demi-rel. v. r.

286. Histoire entière et véritable du procez de Charles Stuart, roy d'Angleterre, etc.; le tout fidelement recueilly des pièces authentiques et traduit de l'anglois. *Londres*, 1650, pet. in-12, veau.

287. Manifeste, ou Mémoire sommaire contenant les raisons qui doivent obliger les princes confederez catholiques, de contribuer au retablissement de S. M. B. Jaques Second, avec des Remarques. *Suivant la copie de Londres, Amsterdam, chez J.-L. de Lorme*, 1697, pet. in 12.

288. Philip. von Zesen. Die verschmaehte Dach wieder erhöhte Majesthät : das ist Karles des Zweiten Königs von Engelland Schottl. nam. Wundergeschichte, pet. in-12. *In Amsterdam*, 1662, frontisp. (titre gravé), titre imprimé, figures 17, dont 7 grav. pliées, vél.

130 millim.

289. Dixon (Hepworth). La Nouvelle Amérique, traduction de l'anglais, avec une préface et la biographie d'Hepworth Dixon, par Philarète Chasles, professeur au Collége de

France. *Paris, libr. internat. Lacroix, Verbœkhoven et Ce*, 1869, in-8, demi-rel. rouge.

## BIBLIOGRAPHIE.

291. Gazette bibliographique 1868-1869. *Paris, Lemerre*, in-12, br.

Papier de Hollande.

292. Le Livre du bibliophile. *Paris, Lemerre*, 1874, in-12, demi-rel. mar. vert, dos, coins polis, tête dor. ébarb. pap. teinté. (*Dupré.*)

293. Fizelière (A. de) et G. Decaux. Bibliographie de Charles Baudelaire. *Paris*, 1868, 1 vol. in-18, br.

N° 7. Papier vergé. Vente Asselineau.

294. Georges d'Heilly. Dictionnaire des pseudonymes, où sont divulgués et rétablis les noms inventés, tronqués, travestis, arrangés ou dérangés. *Paris*, 1868, in-16, demi-rel. mar. coins pol. tête dor. n. r. (*Dupré.*)

295. Heilly (Georges d'). Dictionnaire des pseudonymes. *Paris, Dentu*, gr. in-18, demi-rel. mar. brun, coins polis, tête dor. éb. cousu sur nerfs. (*Dupré.*)

2e édition, très-augmentée. Exemplaire sur grand papier. Rare.

296. Guide de l'amateur de livres à vignettes du XVIIIe siècle; 2e édition, par Henry Cohen, frontispice à l'eau-forte par Chauvet. *Paris, Rouquette*, 1870, in-8, demi-rel. mar. brun poli, coins, tête dor. ébarb. (*Dupré.*)

Papier Whatman, n° 11 sur 50.

297. Catalogue des livres de Mme la comtesse du Barry, avec les prix. *A Versailles*, 1871. Reproduction du Catalogue manuscrit original, avec des notes et une préface, par P. L. Jacob, bibliophile. *Paris, Auguste Fontaine*, 1874, pet. in-12.

Édition tirée à 100 exemplaires numérotés, tous sur papier de Hollande. N° 35, demi-rel. mar. vert, coins polis, tête dorée, ébarbé. (*Dupré.*)

298. Lacour (Louis). Livres du boudoir da la reine Marie-Antoinette. Catalogue authentique et original publié pour la première fois, avec préface et notes. *Paris, Gay*, in-18, demi-rel. mar. vert. (*Dupré.*)

Petit volume très-rare. Tirage à 300 exemplaires.

299. Bibliothèque de Marie-Antoinette au Petit-Trianon, d'après l'inventaire original dressé par ordre de la Con-

vention ; catalogue avec des notes inédites du marquis de Paulmy, mis en ordre et publié par Paul Lacroix, conservateur de la bibliothèque de l'Arsenal. *Pàris*, 1863, in-18, demi-rel. mar. vert. (*Dupré.*)

Ce petit volume, dédié à Jules Janin, est épuisé et rare. Il est imprimé sur papier vergé.

300. Bonnardot (A.). De la Restauration des vieilles reliures, suivi d'une dissertation sur les moyens d'obtenir les duplicata des manuscrits. *Paris*, 1858, in-12, demi-rel. cuir de Russie, tr. dor. ébarb. (*Très-rare.*)

301. Rochefort (Henri). Les Petits Mystères de l'Hôtel des ventes. *Paris, Dentu, s. d.*, 1 vol. in-12, br.

Vignettes de Cham sur le titre. Rare.

302. Champfleury. Hôtel des commissaires-priseurs. *Paris, Dentu*, 1867, in-18, br.

303. L'Autographe, publié par G. Bourdin et H. de Villemessant. *Paris*, déc. 1863 à déc. 1864, 24 numéros en 1 vol. in-fol. obl. demi-rel. ch. v.

FIN.

Paris. — Typographie Georges Chamerot, rue des Saints-Pères, 19.

www.ingramcontent.com/pod-product-compliance
Ingram Content Group UK Ltd.
Pitfield, Milton Keynes, MK11 3LW, UK
UKHW021931190726
13853UKWH00002B/980

9 782329 597638